AF340807

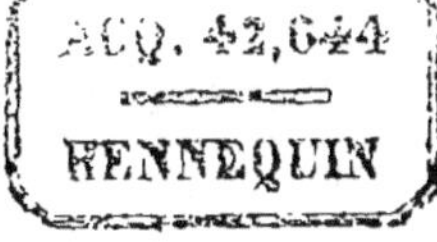

DISCOURS

PRONONCÉ PAR F. V. AIGOIN,

Dans la Séance du 5 Vendémiaire, l'an trois de la République française, une et indivisible.

IMPRIMÉ PAR ORDRE DE LA SOCIÉTÉ.

FRÈRES ET AMIS,

Tel est le cours des grandes révolutions, qu'échappés à un danger, un danger nouveau se représente, et qu'une faction n'est anéantie que pour faire place à une faction nouvelle, plus puissante encore que les précédentes n'aguere anéanties par le courage des patriotes.

Telle est la conspiration dont je vais vous entretenir.

Tels sont les nouveaux ennemis du peuple contre lesquels il doit déployer encore toute son énergie.

A

O! Qu'il seroit insensé, celui qui pourroit méconnoître le danger imminent de la patrie!

Il semble au premier coup-d'œil, que si le génie de la liberté a triomphé des projets liberticides des Roland, des Brissot, et de la faction Girondine, il triomphera bien plus aisément de l'hydre nouvelle qui veut étouffer l'égalité. Je conviens qu'aucune faction n'acquerra jamais, ou du moins bien difficilement dans la République, les moyens de séduction et de corruption que les premières étoient parvenues à obtenir ; puissamment secondées dans ce funeste projet, par le ministre perfide qui avoit dans sa main la presque totalité des administrations, dirigeoit l'opinion publique et la tourmentoit à son gré, y déversoit les plus dangereux poisons, et les coloroit des dehors mensongers d'une vertu hypocrite, et du prétexte toujours si spécieux du salut de cette même patrie, dont il avoit conspiré la ruine.

Je conviendrai encore qu'il est un rapport bien plus essentiel qu'on ne pense, sous lequel les conspirateurs modernes sont bien moins dangereux que les anciens. Ceux-ci avoient rempli l'Europe entière de leur nom ; ils ne soutinrent ouvertement le despotisme, et n'entreprirent de trahir le peuple, que quand l'excès même de leur fausse gloire et de leurs apparentes vertus, leur donna la criminelle audace, et l'espoir non moins criminel de transiger impunément avec la tyrannie.

Que sont au contraire les modernes conspirateurs ? Qu'ils nous disent ce qu'ils ont fait ? Quels sont les grands services qu'ils ont rendus à la patrie ? De quels dangers l'ont-ils sauvée ? Quels furent leurs travaux ? Quelles bonnes lois ont ils proposées ? De quelles vertus ont-ils développé les germes ? Quels patriotes ont-ils secourus ? Avec qui vivent-ils ? Quelles passions personnelles ont-ils sû sacrifier à l'amour sacré de la patrie ?

Qu'ils nous disent quelle est l'origine de leurs fortunes scandaleuses ?

Qu'ils nous disent enfin, si c'est dans des orgies nocturnes et avec des femmes deshonnorées, qu'ils prétendent donner à leurs concitoyens l'exemple des mœurs et des vertus républicaines ?

Et cependant ce sont de tels hommes qui, prenant le langage mensonger de Roland et des Girondins, osent calomnier le patriotisme et les patriotes, et prêter à ceux-ci leurs propres fureurs !

Ombres funestes des *Roland*, des *Guadet*, des *Brissot*, des *Buzot* et des *Gensonné*, seroit-il vrai que vous troublez notre atmosphère politique de votre odieuse présence ? Ou bien ne seriez-vous pas en effet de vains phantômes ? Vivez-vous encore au milieu de nous ?

Ils vivent, n'en doutez pas, frères et amis, et leur infame système est repris par leurs lieutenans, avec une audace étonnante. Nouveaux Omar, ils veulent à tout prix propager le fanatisme impie de la royauté, et le cimenter sur les corps expirants des patriotes!

Déjà un bruit sourd de l'aristocratie fait revivre le contre - révolutionnaire *Condorcet*; il est dit-on l'auteur d'une constitution qui réconciliera les français avec les rois, et vous procurera une paix durable.

Scélérats! La paix avec des rois qui n'auroient pas reconnu notre indépendance nationale et notre constitution républicaine! Tremblez! Les poignards de Brutus sont levés sur vos têtes.

Ils vivent, vous dis-je, n'en doutez pas, les Buzot, les Condorcet et les compagnons de Brissot. Eh! Pourriez-vous en douter, quand vous aurez apperçu la ressemblance des nouveaux avec les anciens conspirateurs?

ROLAND *et ses complices* avilissoient les patriotes, les transformoient en buveurs de sang, en septembriseurs : aujourd'hui, mêmes calomnies de la part de *leurs successeurs* contre nous, dont la doctrine constante fut toujours d'épargner les foibles et de punir seulement les coupables!

Roland et ses complices nous accusoient de tenir dans les fers cinquante mille patriotes : mêmes calomnies de la part des *modernes conspirateurs.*

Roland et ses complices s'appuyoient des prétendus honnêtes gens : *les royalistes modernes* appellent à leur secours tous les modérés, tous les aristocrates, tous les royalistes,

(5)

tous les fripons et les coupe-jarets de l'ancien et du nouveau régime, et vont les rechercher jusqu'au fond des prisons !

Roland et ses complices se paroient de fausses vertus : croyez en les *modernes conspirateurs*, ils sont des modèles de *justice* et de *moralité* !

Roland et ses complices ne toléroient des sociétés populaires, que celles qui partageoient leurs projets parricides : *leurs successeurs* veulent détruire celles qui ont les yeux ouverts sur leurs nouvelles trames !

Roland et ses complices ne cessoient d'invoquer l'ordre, la paix, les lois, et ils les violoient insolemment envers les patriotes ! *Les conspirateurs modernes* ont trouvé le moyen de plonger dans les cachots des milliers de républicains !

Roland et ses complices usoient de la liberté de la presse, pour corrompre et flétrir à leur gré l'opinion publique, par des milliers de libelles, dont la liste civile fit les frais ! L'or de Pitt et de l'aristocratie financière et nobiliaire, soudoye aujourd'hui *les libellistes modernes* ; et ces modernes conspirateurs croyent avoir *tué* les Jacobins, comme les premiers pensoient avoir *tué* la république naissante.

Tremblez, hommes corrompus ! La République se relèvera plus triomphante encore des efforts coupables que vous aurez faits pour l'anéantir ; et les Jacobins, c'est-à-dire, tous les amis de la patrie sont là, pour la venger de vos outrages ! Nous mourrons s'il le faut, mais la République vivra.

Nous sommes gueux, dites-vous; cela est vrai, mais nous nous honorons de cette pauvreté. Nous sommes cependant bien plus riches et bien plus redoutables que vous ne le pensez! N'avons-nous pas le bouclier de la raison et la massue de la liberté pour écraser ses ennemis? Hercule s'arrêtoit-il à des pygmées? Nous ne répondons pas à vos libelles, nous les méprisons trop! Nous les foulons aux pieds, en attendant le jour de votre jugement.

Enfin, pour terminer cet odieux, mais trop ressemblant parallèle, *Roland et ses complices* s'écrioient avec les royalistes révoltés de Toulon, Marseille et Lyon, *Vive la République, vive la République une et indivisible*, au moment même qu'ils la déchiroient en lambeaux; et les *conspirateurs modernes réunis* à tous les modérés, les aristocrates, les fédéralistes, les conspirateurs et les fripons de l'ancien et du nouveau régime, s'écrient au moment même qu'ils la trompent, la trahissent et conspirent contr'elle, *Vive la Convention nationale.*

Ah! sans doute, VIVE LA CONVENTION NATIONALE! Mais ce cri sacré de ralliement de tous les jacobins, de tous les vrais républicains, n'est-il pas profané, en passant par la bouche impure de ces imposteurs! Cette assemblée qui a envoyé le tyran à l'échafaud et qui punit les rois, peut-elle être célébrée par des royalistes ouverts ou déguisés?

Non, non; ce n'est point dans les tripots

ni les boutiques aristocratiques du ci-devant
Palais Royal, que ce cri si cher à tous les
républicains, a le droit de se faire entendre!
C'est lorsqu'il sort de la bouche des défenseurs
de la patrie; c'est lorsqu'il est mille fois prononcé dans les assemblées du peuple, dans les
Sociétés populaires; c'est enfin lorsqu'il retentit
dans cette enceinte sacrée, qu'il est alors le
cri sincère de tous les amis de l'égalité, de
la fraternité; et l'expression franche d'une confiance éclairée, et d'une reconnoissance qui
n'est point mensongère!

Eh! Qui plus que nous, parmi tous les républicains, dût défendre plus énergiquement
l'autorité de la Convention nationale et l'en-
vironner de la confiance qui lui est dûe?
N'avons-nous pas toujours été comme elle
un objet de haine pour tous les conspirateurs?
Comme elle, n'avons-nous pas été poursuivis
par tous les généraux perfides depuis Lafayette
jusqu'à Dumouriez? Ne sommes nous pas
comme elle, poursuivis par tous les tyrans et
leurs infames satellites? Et, qui de nous, si le
royalisme pouvoit triompher jamais, pourroit
échapper au supplice de l'infortuné et cou-
rageux Drouet?

Nous ne faisons plus, disent nos infames
calomniateurs, cause commune avec la Convention nationale! Ils nous prêtent l'orgueil insensé de vouloir être une puissance, de prétendre
à rivaliser avec elle! Les perfides! Comme si nous
pouvions souffrir qu'aucune Société, qu'au-

cune réunion de citoyens devint une autorité!
Comme si nous pouvions prétendre à influ-
encer la moindre autorité constituée, et à plus
forte raison la Convention nationale, autre-
ment que par la force de la raison, des lumières et la puissance de l'opinion publique
sagement dirigée! Comme si nous pouvions
ignorer, qu'une telle prétention d'aucune Société populaire deviendroit, si elle se réa-
lisoit jamais, un foyer indestructible d'anarchie,
le tombeau de la liberté et de l'égalité pour
qui nous combattons, et le renversement de
la constitution républicaine, que nous avons
juré de maintenir!

Nous ne faisons plus cause commune avec
la Convention nationale, disent ces scélérats,
nous voulons la combattre! Nous voulons
donc combattre contre nous-mêmes!

Eh quoi! Ne sommes - nous pas identifiés
avec la Convention nationale? ne serions-
nous donc plus, nous et les membres de cette
assemblée, les hommes du 14 juillet 89! Ne
sont-ils pas les frères des membres de la Convention nationale et les nôtres, ces patriotes,
qui furent impitoyablement massacrés au Champ
de Mars? N'avons-nous pas été, nous et les
membres de la Convention nationale, des
objets d'horreur pour les infames réviseurs de
l'Assemblée constituante? N'est-ce pas nous,
qui avons combattu à outrance, pour la mi-
norité de l'Assemblée Législative contre sa
majorité corrompue par une cour perfide? N'a-

vons-nous pas rendu vains par notre énergie les projets sinistres des Lafayette, des Dumas, des Vaublanc, des Lameth, des Jaucourt et des Daverhoult? N'avons-nous pas fondé la République le 10 août; et le plus pur de notre sang n'a-t-il pas coulé pour une si belle cause? N'est-ce pas nous et les membres de la Convention nationale, qui avons successivement combattu et vaincu toutes les factions, depuis la faction Brissot, qui voulut un tyran, jusqu'à Robespierre, qui voulut établir un trône pour lui-même? Et, si nous avons constamment combattu les ennemis de la patrie avec la Convention nationale; si nous avons vaincu avec elle et par elle, qui pourra nous en séparer? Qui pourra arracher de nos ames les sentimens d'estime et de respect que nous devons aux représentans de vingt-quatre millons d'hommes libres?

Non, non, hommes perfides, n'espérez pas par vos lâches manœuvres, rompre les liens si doux qui nous unissent avec tous les républicains, aux combats, aux vertus, à l'énergie et aux triomphes de la Représentation nationale.

Vous êtes des *Robespierriens*, disent encore les *conspirateurs modernes*; vous voulez régner par la *terreur*, et nous, nous ne voulons que *la justice*!

Avec quelle impudence ces nouveaux Tartuffes se jouent des objets les plus sacrés et les plus chers aux amis de la liberté!

Dites , scélérats ! La terreur imprimée aux tyrans et à leurs infames satellites par nôtre jeunesse guerrière, qui se précipite sur leurs bataillons et les anéantit, *cette terreur* n'est-elle pas *justice ?* la terreur imprimée aux aristocrates financiers, nobiliaires et sacerdotaux de la République, à tous les ennemis irréconciliables de l'égalité et des droits de l'homme, cette *terreur* n'est-elle pas *justice ?* La terreur imprimée à vous-mêmes, à vous qui n'usez de la liberté de la presse, que pour ressusciter le royalisme, ranimer l'audace de l'aristocratie , propager l'erreur du modérantisme , calomnier les patriotes les plus énergiques et les plus purs, détruire les Sociétés populaires , les armer les unes contre les autres (a), pervertir les principes , corrompre l'opinion publique, et faire le procès à la révolution ! Cette terreur imprimée à vous et à vos pareils, par l'éveil prochain d'un peuple libre sur vos projets sinistres, *cette terreur* n'est-elle pas *justice ?*

Ah ! J'entends, ce n'est pas de cette *justice là* que vous voudriez !

(a) A quelle autre cause qu'aux manœuvres de ces misérables et de leurs intrigans subalternes, pourroit-on attribuer la divergence passagère d'opinions qui s'est manifestée dans un petit nombre de Sections de Paris, sur l'adresse de la Société populaire de Dijon ? Mais faut-il s'en étonner ! cette adresse respire raison et justice ; elle indique des moyens sûrs d'enchaîner la rébellion du royalisme et de l'aristocratie; n'en est-ce pas assez pour déchaîner contre elle tous les conspirateurs et tous les intrigans ?

(11)

Nous avons exposé nos principes, voici les vôtres.

Vous appellez *justice*, l'audace incroyable de l'aristocratie et du modérantisme, qui presque par-tout lèvent insolemment la tête, et presque par-tout compriment et déchirent l'énergie du patriotisme et des vertus républicaines !

Vous appelez *justice*, la délivrance impie des ennemis les plus implacables de la liberté et de la représentation nationale !

Vous appellez *justice*, la *terreur* qui plane sur la tête des patriotes opprimés, et les plonge dans des cachots !

Vous appellez *justice* le rassemblement de tous les scélérats, et leur immersion dans les diverses Sociétés populaires de la république, pour les porter à des excès, allarmer sur les subsistances les citoyens paisibles, déchirer et pervertir l'opinion publique, et opérer ainsi la ruine de la patrie !

Vous appellez *justice* enfin, l'avilissement des patriotes et de la représentation nationale, en provoquant la destruction des Sociétés populaires, et en flétrissant tous les hommes purs et énergiques, qui par leur courage ou par leurs lumières, pourroient sauver la république dans les nouvelles crises, que votre rage contre - révolutionnaire lui prépare !

Telle est la signification que vous osez donner à ces mots *terreur, justice, vertu* ! Eh ! comment pourrions-nous nous entendre ? vous parlez le langage de l'aristocratie et de la royauté ; nous, nous ne connoissons que celui du patriotisme et de l'austérité républicaine !

Frères et amis, j'ai dévoilé les complots des modernes conspirateurs ; j'ai déroulé leur infâme tactique ; j'ai montré sa conformité avec celle des Girondins ; j'ai prouvé que, comme ceux-ci, ils veulent enlever à la Convention nationale la confiance publique et l'amour des patriotes ; qu'ils veulent armer les Sociétés populaires contre les Sociétés populaires, les Sections contre les Sections, afin de régner, par l'anarchie, sur les débris de la prospérité publique, qu'ils voudroient anéantir. J'ajoute que, dans ce bouleversement général, qu'ils ne manqueront pas, suivant leur usage, d'attribuer aux patriotes, ils comptent appeller Pitt à leur secours, ou même, nouveaux Dumouriez, tenter de faire intervenir notre propre force armée dans nos sanglants débats !

Tels sont les forfaits qu'ils méditent, et leurs coupables espérances fondées sur le plus détestable et le plus profond machiavélisme ; mais rassurez vous, les avoir apperçus, n'est-ce pas les avoir déjoués ?

Que doivent faire les patriotes, que devons-nous faire nous-mêmes, pour sauver la liberté et l'égalité qu'ils veulent nous ravir, et la république qu'ils veulent détruire ? Arriver à un but précisément opposé à celui où ils voudroient nous amener.

Ils nous calomnient dans cent libelles ; méprisons les , et répondons y par cent travaux utiles et par mille vertus !

Ils égarent les Sociétés populaires et veulent les diviser ; éclairons les , et réunissons les aux vrais principes et à l'amour de la patrie !

Ils veulent désunir les patriotes ; resserrons nous plus que jamais , et n'ayons d'autre passion que l'amour du bien public !

Ils veulent avilir la représentation nationale et en éloigner les républicains ; rattachons de toutes les parties de la république tous les ardens amis de la liberté et de l'égalité à la Convention nationale , ce centre unique des espérances de tout homme qui , comme nous , ne veut ni tyrans ni esclaves , ni dominateurs ni dominés , ni dupes ni fripons !

Ils veulent pervertir l'opinion publique ; dirigeons la vers tout ce qui est bon , tout ce qui est grand , tout ce qui est honnête , tout ce qui est utile !

Qu'ils paroissent donc les conspirateurs , les machiavélistes modernes , qu'ils paroissent accompagnés de leurs sicaires , de leurs nouveaux chevaliers du poignard ! Quant à nous, nous sommes prêts , et nous leur opposerons le front inexpugnable de tous les patriotes de la république ; il faudra qu'ils marchent sur nos corps expirans , s'ils veulent nous arracher la liberté , l'égalité , les droits d'un peuple souverain !

Je me résume, et je demande , attendu que

les meilleurs patriotes de la République et particulièrement les Jacobins, qui ont successivement combattu toutes les factions liberticides, sont l'objet dans des milliers de libelles qu'ils méprisent, de calomnies plus étranges et plus atroces que toutes celles déversées sur eux par les Pitt, les Léopold, les Dumouriez et tous les amis de la tyrannie, je demande, dis-je, que la Société des Amis de la liberté et de l'égalité délibère, que, non pour répondre à ces misérables libelles, ni repousser d'aussi viles calomnies, mais pour montrer aux despotes européens et aux aristocrates non moins forcenés de l'intérieur de la République, le sort qu'ils ont à attendre, elle est résolue à présenter à l'univers une déclaration solemnelle de ses sentimens et de ses principes, et qu'en conséquence elle déclare :

Qu'elle est fermement résolue, pendant que les généreux défenseurs de la patrie combattent si glorieusement, et triomphent des tyrans d'Europe et de leurs satellites, repoussés par leur courage loin de nos frontières, à combattre avec la même fermeté et la même vigueur tous les ennemis de l'égalité dans l'intérieur, tous les conspirateurs, les intrigans, les fripons et les traîtres.

Qu'elle se dévouera avec la même ardeur, à défendre les patriotes qui pourroient être opprimés, ou sur de fausses indications, ou par des abus d'autorité, ou par un effet de la calomnie et de la malveillance.

Qu'elle ne forme qu'un seul tout avec tous les patriotes de la République, et avec la Convention nationale.

Qu'elle professe, envers la Convention nationale, les sentimens les plus profonds de confiance et de respect, et la soumission la plus rigoureuse aux lois émanées d'elle.

Que rien ne pourra la détacher de la représentation nationale pour qui elle est prête à verser tout son sang.

Que la déclaration ci-dessus sera envoyée aux armées et à toutes les Sociétés populaires de la République, et distribuée à tous les membres de la Convention nationale, à ceux de la Société et aux citoyens des tribunes.

Je demande encore que la Société délibère :

1.º Que la liste des membres de la Société depuis le 10 thermidor sera imprimée, afin de montrer à nos vils calomniateurs, que nul de nos membres n'a conspiré contre la représentation nationale, et qu'elle ne renferme que de vrais amis de l'égalité.

2.º Qu'elle met à l'ordre du jour la discussion des objets les plus importans à l'intérêt social, tels que l'instruction publique, les moyens de faire fleurir le commerce, l'agriculture, l'industrie, etc., d'encourager le travail, et de poursuivre l'oisiveté.

La Société dans sa séance du cinq vendémiaire a arrêté l'impression du présent discours, la distribution aux membres de la Société, aux tribunes, et l'envoi aux Sociétés affiliées.

Signé BOUIN , *vice - président.* CHAMBELLAN et DUBOSCQ, *secrétaires.*

De l'Imprimerie des SANS-CULOTTES, maison ci-devant de l'Assomption, rue Honoré, N.º 20.

www.ingramcontent.com/pod-product-compliance
Lightning Source LLC
LaVergne TN
LVHW020108070726
842525LV00018B/2316